孔子图传

陈村◎著

长江出版传媒　长江文艺出版社

图书在版编目（CIP）数据

孔子图传 / 陈村著. -- 武汉 ：长江文艺出版社，
2022.8
ISBN 978-7-5702-2417-3

Ⅰ. ①孔⋯ Ⅱ. ①陈⋯ Ⅲ. ①孔丘（前 551-前 479）
—生平事迹 Ⅳ. ①K820.25

中国版本图书馆 CIP 数据核字(2021)第 201639 号

孔子图传
KONGZI TUZHUAN

责任编辑：毛劲羽　　　　　　　　责任校对：毛季慧
封面设计：颜　森　　　　　　　　责任印制：邱　莉　　胡丽平

出版：长江出版传媒　　长江文艺出版社
地址：武汉市雄楚大街 268 号　　　邮编：430070
发行：长江文艺出版社
http://www.cjlap.com
印刷：中印南方印刷有限公司

开本：720 毫米×1000 毫米　　1/16　　印张：6.25　　插页：1 页
版次：2022 年 8 月第 1 版　　　2022 年 8 月第 1 次印刷
字数：64 千字

定价：28.00 元

目 录

CONTENTS

献上一束人类文明的鲜花 / 001

孔子诞生 / 002

创办私学 / 009

会见老子 / 013

仁者爱人 / 017

碰壁齐国 / 021

贫居不仕 / 026

从政鲁国 / 035

子见南子 / 044

丧家之犬 / 055

陈蔡之厄 / 060

路遇隐者 / 067

回国议政 / 070

诲人不倦 / 074

述而不作 / 080

高山仰止 / 083

孔丘大事年表 / 092

献上一束人类文明的鲜花

　　孔子是中国古代伟大的思想家、教育家、政治家。

　　孔子一生以最多的时间从事教育，为培养行仁政、施礼治的人才费尽心思。弟子相传有三千人，杰出的有七十余人。

　　孔子和他的儒家学说长久、深刻地影响着中国历史和中国文化。在中国古代思想史上，没有任何人比孔子起过更大的作用。

　　孔子不仅在中国，在一些亚洲国家也广有信众，并成为西方世界最热衷研究的东方思想家。

孔子人物像

孔子诞生

　　山东省曲阜市的东南，春秋时代为鲁国的陬邑昌平乡。鲁襄公二十二年（公元前 551 年）夏历八月二十七日，孔子在这里诞生。

　　孔子的先祖是宋国的公室贵族，因避乱逃至鲁国。孔子的父亲叔梁纥曾出任鲁国的地方官陬邑宰，因此又称他陬叔纥。后来，鲁国人称孔子为"陬人之子"。

孔子世家谱

　　叔梁纥以勇猛无畏著称。鲁襄公十年，叔梁纥作为一名武士，随鲁军参加攻城战。先锋部队攻破城门，迅速入城。守城的敌军见势不好，急忙放下城头上吊着的闸门，要将鲁军一截为二。叔梁纥正巧在门下，他高举双臂，用力托住闸门，使贸然入城的将士得以撤出。在三年后的另一次战争中，叔梁纥率三百名将士出入敌军重围如入无人之境。叔梁纥的勇力一时传为佳话。

　　叔梁纥早年曾娶妻施氏，一连生下九个女儿。后来又娶一女子，生下儿子，名叫伯尼，又名孟皮，可惜下肢残疾，令父母怜忧。六十多岁时，叔梁纥向一户姓颜的家庭求婚，得到颜氏三女儿颜征在的允许。因两人年龄相差太远，所以未举行正式婚仪。

尼山祈祷

　　颜征在见叔梁纥思子心切，便去五里外的尼丘山祈祷。尼丘山高约三百米，沟深林密，沂水流经其旁。说也奇怪，她之后真的生下儿子。婴儿出生时，头顶四边高耸，中间低凹，形如尼丘。因而，取名为丘，排行第二，取字仲尼。这就是孔子。

　　据说，孔子出生那年，浑浊的黄河水也变清了。

　　孔子三岁时，父亲去世。

　　颜征在带着儿子，离开孔家，迁居鲁国的都城曲阜，在一条叫阙里的巷子里，过着贫寒的日子。

　　曲阜是个古城，古代的三皇五帝中，有四人在此建都或留下事迹。公元前十一世纪，周武王灭了商朝，将其弟弟周公姬旦封于被称作"少昊之墟"的曲阜为鲁公。不久，武王病故。为了辅佐年幼的成王，周公留在京城摄政，由自己的长子伯禽去鲁国就封。第一代鲁公伯禽赴任时，带去大量周朝的礼乐典

俎豆礼容

籍。周公去世后，周成王破例允许鲁国建庙，以天子的礼乐祭祀周公。几百年后，人们还称赞"周礼尽在鲁矣"。

孔子在这礼乐之邦渐渐长大。在母亲的教诲下，他从小就爱看各种祭祀仪式。孔子五六岁时，观看过一次郊祭会，印象很深，此后在家中做游戏时，就经常用泥土捏成小小的俎（zǔ）豆祭器，模仿着看到的礼仪。

他十五岁便立下学习礼的志向，不放过任何学习的机会。在周公庙，他每件事都细细询问请教。

于是有人说："谁说陬人之子懂得礼呢？懂得礼怎么会每件事都要讨教？"

孔子听见议论，说："这正是礼呀。"

孤儿寡母，生活十分艰难。孔子十七岁时，他的母亲去世。因难以言说的隐痛，她在世时没有告诉孔子父亲的身世和葬地。

孔子葬母

孔子只能将母亲的灵柩暂时放置在城中一个叫五父之衢的地方。

邻居一位老妇人告诉孔子，他的父亲是叔梁纥，葬在城东二十几里外的防山的北麓，面对泗水。于是，孔子将母亲的灵柩迁移到防山，与父亲合葬，筑起一个高高的坟头。

为了谋生，孔子做过许多普通，甚至在当时看来低微的工作。他当过出殡时的吹鼓手，能从妇人的哭声中听出她是否悲切。又做过管理牛羊的"乘田"和管理仓库的"委吏"。他把牛羊牧养得又肥又壮，将仓库管理得井井有条。

但是，孔子另有自己的理想。

孔子说："君子谋求的是行道，不是衣食。耕田的人，免不了要饿肚子。学道则可以做官得到俸禄。君子担心的是学不成道而不是贫穷。"

为了当一名君子，孔子曾经成天不吃饭，整夜不睡觉，苦

职司乘田

思冥想。这样，除了弄得头脑发昏并没什么用处。后来，孔子产生一个想法，他把人分成四等：生来就懂得知识与道理的，是第一等；主动学习才懂得的，是第二等；遇到困难才想到去学习的，是第三等；最下等的是碰了壁也不知去学的人。孔子将自己归入第二等，是"学而知之"的资格。他恢复了正常的寝食后，便更加努力学习。

依照《周礼》，男子十八岁就算成人了。孔子十九岁时娶了鲁人亓（qí）官氏为妻，来年即生了个儿子。鲁国的国君昭公出人意料地派人送来一尾鲤鱼作为祝贺。孔子深以为荣，即给儿子取名为鲤，字伯鱼。

孔子的时代，贵族们可以通过世袭得到官职。孔子的出身在当时看来不够高贵，唯一的途径是学成做官必备的全套本领，即"六艺"（礼、乐、射、御、书、数）来入仕。贵族的子弟

赐鲤名儿

可上贵族学校求学，其余的人想受教育就非常困难。孔子靠自己的努力，学识逐渐渊博，令人刮目相看。

有人称赞说："了不起啊，孔子！虽然名声不高，学问却这么广博。"

孔子听罢谦虚地说："我能干什么呢？驾车还是射箭呢？我还是驾车吧。"

因为六艺中，驾车最简单易学。

孔子始终记着过去所受的一个羞辱，以此鞭策自己刻苦用功。

孔子十七岁时，鲁国的执政大夫季武子举行招待士的宴会。孔子刚知道自己是陬邑宰的儿子，以为自己有了资格，就兴冲冲地前往赴宴。当时，他正在服母亲的丧，腰间还系着麻带。

季氏的家臣阳虎在大门口挡住了他。

阳虎看了孔子一眼，说："季氏请的是士，不是你！"

孔子默默而退。

创办私学

鲁国的东南有个小国，叫郯（tán）国。孔子二十七岁时，郯国的国君郯子来鲁国访问。鲁昭公设宴待客。郯子学问渊博，在席上说了许多古代的掌故。

孔子听说后，十分佩服，请求郯子接见。在郯子那儿，孔子长了不少见识，并认真思考学术的流失。自从周朝王室衰微，许多原来从属王室的文化人士散落四方，文物典籍也渐失保护。

孔子对此深感忧虑。

通过参政推行自己的政治主张，是遥遥无期的事。孔子为自己找到一件终生实践的事业：创办私学。

求见郯国国君郯子

当时的贵族学校，分为小学和大学，由官府直接控制。平民子弟很少有受教育的机会。随着周王室的衰落，学业由王官垄断、秘不外传的局面已成过去。孔子办学前，私学虽还未正式出现，但私人授徒的现象，已零星存在。

孔子说："只要给我一点点见面的薄礼，我就愿意教他，而不论他是谁。"孔子第一个正式办起了私学。

孔子的首批学生中，有比他小六岁的颜路，小九岁的仲由，以及秦商、冉耕等。

仲由，字子路，原是一名市井无业青年，头插公鸡毛，腰佩长剑，身挂公猪形饰物，一脸惹不起的神情。他一身盛装，前来拜孔子为师。

孔子说："你昂昂然的为什么呢？你看江河之水源于高山，可源头之水浅得连酒杯都浮不起。到了中下游，如果不乘大船，不避大风，人就无法渡河。你现在穿着华丽的衣裳，盛气凌人，还有谁敢指出你的错处呢？"

子路退出，换了一套武士的服装又进来，拔出长剑，在庭院中舞将起来。

舞罢，子路说："古时候的君子没有不佩剑自卫的。我听说令尊大人，生前是一员虎将，至今偪阳城还有许多人在称道。老师也应该学剑习武，继承祖业。"

孔子说："古代的君子以忠为根本，以仁为中心，见有不善的拿忠来教化，遇有强暴的以仁来感化，何必要用剑来自卫呢？古时候成汤讨伐夏桀，武王讨伐殷纣，都没亲自拔剑。以德服人，令人心悦诚服；以力服人，令人口服心不服。你说是吗？"

子路听了，肃然起敬，说："我今日得闻老师这番教诲，好比久居暗室，忽见明灯。请老师等我换了衣裳再来受教。"

子路说罢退出，更换常服，解除佩剑，缓步登堂，不再有武夫的鲁莽。孔子见了心中喜欢。

孔子说："仲由啊，你听着，喜欢自夸的，华而不实自告奋勇的，爱卖弄小聪明给别人看的，便是小人。而君子知道的就说知道，不知道的说不知道，做不到的说做不到，这就是智，就是仁。"

子路肃立，说："弟子记住了。"

孔子的弟子中，唯有子路好勇多力。子路自觉地保护老师，使他不再听到那些讨厌的声音。

一天，孔子问子路："仲由，你平生最爱好什么？"

子路回答道："弟子最爱舞长剑。"

孔子说："我不问你的武功。我想知道以你原有的才能，再加以学问，你喜欢学些什么呢？"

子路直率地说："我不知学问有什么益处。"

孔子说："那我告诉你。国君如没有大臣的劝谏，就做不到英明。文人学士如没有正直的朋友，就听不到逆耳的忠言。马没有缰绳就无法驾御，木没有准绳就不能变直。人有了学问，才能事事顺利。人要是厌恶学问，就会受到惩罚。因此，君子怎能不学呢？"

子路想了想，说："南山上的竹子，不须修整也长得笔直，以竹做箭，犀牛的厚皮也可穿透。这样说来，学有什么用呢？"

孔子笑笑，缓缓地说："你说得不错。可是，这竹箭装上箭羽，配上锐利的箭镞，用它来射，不是可以穿入犀牛皮更深吗？"

子路觉得受益匪浅，拜谢老师的教诲。

子路说："我还有一事不解，请教老师。"

孔子说："请说。"

子路问道："眼下有个人身穿平民的短衫，怀里却藏着宝玉，应当怎么去做呢？"

孔子严肃地说："如果天下无道，就赶紧逃到深山躲藏起来。如果天下有道，就换上华美的衣裳，手捧宝玉，炫耀于世。"

子路说："弟子明白了。见君子就露出来给他瞧瞧，见小人就藏起来逃之夭夭。"

孔子的学堂就设在自己家的近旁——阙里。因他的博学和仁义，远远近近的年轻人都来他门下求教，其中最多的是平民子弟。

孔子说："懂得它的人不如喜爱它的人，喜爱它的人不如能从中得到快乐的人。"

孔子要学生以学习为乐，以温习学过的知识为乐，以温故知新举一反三为乐。孔子要学生努力学习礼和乐，为以后从政做准备。他要求弟子戒除凭空猜测、绝对肯定、拘泥固执、唯我正确一类的毛病。要他们做一个敬畏天命、敬畏王公大人、敬畏圣人之言的君子。要他们有了过失能够改正。

孔子说："三十而立。"

三十岁的孔子，以办私学的成绩自立于世。他的心中，十分向往西周初年的礼乐盛世，怀念制礼作乐的周公姬旦。

孔子说："郁郁乎文哉！吾从周。"

会见老子

孔子说："三人行，必有我师焉。"

孔子办学初见影响，引起鲁大夫孟僖子的关注。孟僖子临终前，嘱咐自己的两个儿子孟懿子与南宫敬叔拜孔子为师学礼。孔子收下他们。

周朝的京都在洛邑，孔子很早就向往能去一游，学习礼制。南宫敬叔将孔子的愿望报告国君鲁昭公，昭公表示赞许，特赐一辆车，两匹马，一个驾车的仆人。

孔子到了京师，考察礼制、文物、典籍。孔子在宗庙看见一尊被称作金人的铜像，它嘴上被贴着三个封条。金人背后有一篇铭文，刻着"无多言，多言多败。无多事，多事多患"。相传这是周公在儿子伯禽出任鲁公时送他的。

孔子慕名去拜会了道家的始祖老子。老子令童子洒扫道路，亲自去郊外迎接孔子。两人相见，孔子捧出一只雁，作为拜会长者的见面之礼。

孔子向老子请教了周代的礼仪制度，翻阅老子收藏的典籍

問禮老聃圖　魯昭公二十四年癸未孔子年三十四歲與南宮敬叔適周見老聃而問禮焉老聃曰
子所言其人與骨皆已朽矣獨其言在耳且君子得時則駕不得時則蓬累而行吾聞之良
賈深藏若虛君子盛德容貌若愚去子之驕氣與多欲態色與淫志皆無益于子之身
吾之所以告子者若此而已

拜见老子

档案。老子告诫孔子说："你说的那些人，骨头也烂了，只留下一些话罢了。我听说，会经商的人，常常囤积着货物，却好像货物无多。德行丰厚的人，大智若愚。"

孔子认真听着。向老子辞行时，老子说："我听说，富贵者临别赠财，有仁德的人临别赠言。我不是富贵之人，就充作

老子

仁者，送你几句话吧：聪明深察的人容易横死，因他喜欢议论是非。雄辩博学的难保自身，因他喜欢揭发别人的劣迹。居家则养生孝亲，居官则进退自知。"

孔子谢过老子，告别回国。

事后，弟子问孔子对老子的印象。孔子想了想才说：

"鸟，我知它能飞；鱼，我知它能游；兽，我知它能跑。地上跑的，可以用网去捕；水中游的，可以用钩去钓；天上飞的，可以用箭去射。而那龙啊，我不知它如何云游四海，上天入地。我说不清老子是怎样一个人，大概就和龙一样吧。"

孔子告诉弟子们在洛邑看到的一件古器。它歪歪斜斜地立着。孔子问守庙的人，这是什么。回答说叫"敧（qī）器"，是放在座位右边的，用以警醒主人。它空虚时就歪着，注入一

观敧器

半水就正直，灌满水则倾覆了。孔子一试，果然如此。

孔子叹息说："唉，哪有满而不覆的事呢。"

弟子们也都跟着叹息。

仁者爱人

孔子的一生，以"仁"为最高追求。

孔子说："仁者，爱人。"

孔子说："仁离我们太远了吗？我真诚地想得到仁，仁就会来到的。"

弟子颜回（字子渊）问孔子什么是仁。

克复传颜

孔子说："克制自己，使言行合于礼就是仁。每天都做到'克己复礼'，天下就是仁的天下了。实践仁，全在于自己，难道会在于他人吗？"

颜回说："请问实行仁的途径。"

孔子告诫说："不合乎礼的东西不看，不合乎礼的声音不听，不合乎礼的话不说，不合乎礼的事不做。"

颜回说："我虽然不聪明，愿照老师的话去做。"

弟子冉雍（字仲弓）问孔子什么是仁。

孔子说："出门看见人民，如同见贵宾一样谦恭。役使百姓做事，如同承当重大的祭祀一样谨慎。你记住，'己所不欲，勿施于人'。这句话值得终生奉守。为国办事不要口出怨言，在大夫家办事也是这样。"

冉雍说："我虽然不聪明，愿照老师的话去做。"

一天，孔子见到一个新铸的祭器——觚（gū）。这个觚不遵旧制，铸得与旧器面目全非。孔子极为生气。

孔子恨恨地说："这不像觚！这难道是觚吗？这难道是觚吗？"

公元前513年，孔子听说晋国很有实力的大夫赵鞅等大臣征用480斤铁，将晋国范宣子制定的一部刑典铸在一个大鼎上，称作"刑鼎"。

孔子对此深恶痛绝。

孔子感慨地说："晋国恐怕要灭亡了！居然废弃了祖宗的法度。他们应当遵守先祖唐叔留下的法来实行统治，卿大夫应当各司本职。"

弟子们不懂老师为什么生这么大的气。

孔子对弟子们说："当国君的只用行政命令治理百姓，用刑法来对付不法的人，这是不够的。百姓只是暂时免于罪过，并无廉耻之心。要是用道德去教育人民，用礼法来约束人民，那么人民不但有廉耻之心，知道不该做什么，而且也有言行的规范，懂得应该怎么做。"

孔子生着闷气。然而刑鼎还是刑鼎，不曾毁坏，放在那里谁爱看谁看。晋国也没因此而灭亡。它与楚国、齐国等大国远远近近地压抑着鲁国。

鲁国不仅有外患，更有内忧。周天子早已成为一个象征之尊，各国诸侯竞雄称强，大有取代之心。谁知各诸侯国内又出现国君虚弱，"政在大夫"的景象。鲁国更是如此，国君失权，大权旁落到孟孙氏、叔孙氏和季孙氏的手中。此三氏都是鲁桓公的后代，人称"三桓"。

"三桓"祭祀自己的祖先，竟然在祠堂中唱起了《雍》诗。诗中有这样两句词："诸侯助祭，天子肃穆主祭"，这岂是大夫所能用的。

"三桓"中实力最强的季平子走得更远，他调来公室的乐队，组成八横八纵的六十四人的方队，称作"八佾（yì）"，在家中演出了只有周天子才能享用的"八佾之舞"。按礼制的规定，天子用八佾，诸侯六佾，大夫四佾，士二佾。季氏的僭越无礼之极。

孔子听说后异常愤慨，他说："是可忍，孰不可忍也！"

鲁昭公也觉得再也无法容忍。

公元前517年，鲁国大旱。贵族们犹有闲情，玩开了斗鸡。季平子在自家斗鸡的翅膀里撒上能使对方鸡失去战斗力的芥末，郈氏昭伯给鸡装上锋利的金属爪。结果季氏的鸡被斗败。双方破口大骂，各不相让。季平子凭借实力，干脆扩宅占了郈氏之地。郈氏无奈，去向鲁昭公告状。昭公见这是机会，就联合一些大臣，向季氏用兵，杀死季平子的兄弟公之，攻入季氏大门。季平子逃上楼台，连连赔罪，乞求宽恕。昭公一口拒绝。这时，有唇亡齿寒之感的叔孙氏和孟孙氏，带兵马赶到，杀死郈昭伯，救了季氏。

事情至此，支持鲁昭公的臣子纷纷逃亡。昭公自己看看也留不住了，季氏即使不杀他，也不会以礼待他。他和一批随从出走齐国，辗转到了晋国，开始了七年的流亡生涯。

国内政局如此混乱，连国君也被挤走，孔子觉得无法在鲁国居住。好在天下很大，志士仁人必可有所作为。他带着弟子们，义无反顾地奔齐国而去。

碰壁齐国

孔子和弟子们意气风发地行进在通向齐国的道路上。子路驾着马车。

泰山耸立在前方，威严苍凉。

进入山区，林木繁茂，人烟稀少，景色一变。比起平原上旱得成灾的图景，孔子的心稍稍舒缓了几分。

寂静中突然传来一个女子的哭声。

孔子曾说过："唯女子与小人为难养也。亲近了，他们就不恭顺，疏远了，他们就会有怨言。"然而在这荒山野岭之中，女子号哭，必有异常。孔子叫子路停车，前去看看。

子路循声找去，发现有一个妇人在一座坟前哀哭。

子路问："你有什么事要我帮助吗？"

妇人看了子路一眼，止住哭声，说："我的儿子死了，被老虎咬死了！"

子路细看，果然是座新坟。

妇人哭诉说："我家以打猎为生。早先，我的公公死于虎口。后来，丈夫也死于老虎。现在，儿子又死了！一家三代……"

子路不解地问："那你为什么还不赶快离开这儿呢？"

妇人说："这深山老林，没有官府的苛政呀！"

妇人说罢又悲哀地哭着，子路默默退下。他将听到看到的报告孔子。

孔子听罢长长地叹息着，对弟子们说："你们都记住了，苛政猛于虎啊！"

晓行夜宿，孔子一行来到齐国的都城临淄。

在齐闻韶

为了能接近齐国国君齐景公，孔子按通例拜访了齐国的著名贵族高昭子，挂名当了他的家臣。

在等待齐景公接见的日子里，孔子有幸观赏到古典乐舞《韶》的演出。看罢演出，孔子身心欢畅，如痴如醉，三月不知肉味。他称赞《韶》"尽善尽美，像天一样广阔，像地一样无边。没想到音乐竟可以达到这样的境界！"

在《韶》乐余音绕梁之际，齐景公接见孔子，将他唤回现实之中。

齐国是个大国，国君齐景公耽于游乐，疏于朝政，大权就未免拿不稳。他听高昭子介绍说孔子博学知礼，于是召见，一见面就问孔子治国大政。

孔子立即想到自己混乱的祖国和混乱的天下，他一字一句地说：

"君君，臣臣，父父，子子。"

齐景公痛恨的是臣子不像臣子，急忙说："先生说得太对了！如果国君不像国君，臣子不像臣子，父亲不像父亲，儿子不像儿子，即使国家再富，粮食再多，我吃得着吗？"

齐景公是个好吃之君。他有宫妃七百，各修一个住所，他与宫妃们日日夜宴，饮酒无度。他养马四千，养狗无数。马吃国库之粮，狗以幼畜为食。国君如此，齐国的百姓于是只能过着困苦的生活，以至冻饿而死。

孔子委婉地劝齐景公说："政在节财。"

齐景公点点头，似乎听见了。为了表示对孔子的善意，他许愿将一个叫尼谿的地方封给孔子。

　　齐景公的意见受到大臣们的反对。执政大臣晏婴，有功于齐国。他讲求实效，不尚空谈，对孔子很不以为然。

　　晏婴对齐景公说："孔子这些儒者只会说说漂亮的话，不遵从法度。他们自高自大，不肯居人之下。他们只对死人之事有兴趣，主张厚葬，倾家荡产在所不惜。此风万不可长。他们四处游说，当这个那个的食客，我们岂能靠他们治国。当今世界再无什么大贤人，周朝王室业已衰微，周公的礼乐残缺不全。而孔子满面风光地来告诉什么如何走路的礼等等，不厌其详，

晏婴阻封

只怕成年累月乃至一辈子都学它不来。您用这套来改造齐国的现状，实在是没门啊！"

齐景公看见大臣激烈反对孔子参与齐国政治，想想"君君、臣臣、父父、子子"固然不错，却不是一时半刻能做到的，心也灰了半截。以后，他再见到孔子，虽然还很敬重，却不再问他礼了。他在心里定了一个尺度：像鲁公对季孙氏那样，委以重权，这是办不到的。但也不必像鲁公对孟孙氏那样冷淡。齐景公将尺度定在季、孟之间。

齐景公对孔子说："待先生如贵国的季氏，我不能够啊。我老了，可惜不能和你一起有所作为了。"

孔子伤感地看看齐景公。

齐国的大臣对孔子总是放心不下，有消息说有人要加害孔子。

听到消息时，孔子一行正要做饭。情况紧急，他们将淘好的米捞起来就仓皇出走。

第一次出国从政就这样失败了。孔子回首看看旅居一年多的齐国，心中深深失望。他和弟子朝自己的家乡走去。齐国越来越远。日后，孔子永远没有再去这个国家。

贫居不仕

孔子回到鲁国，声称"不在其位，不谋其政"，不愿卷入纷争不已的漩涡。他一心投身对弟子们的教育，其余时间专心研究学问。

有人不解地问孔子，为什么不参与政治。

退修诗书

孔子说:"孝啊!孝顺父母,友爱兄弟。这是《尚书》上的话。将这样的精神影响到政治上去,也就是参与政治,为什么一定要去做个官呢?"

孔子对弟子说:"不愁别人不了解自己,担心的是自己不了解别人啊。"

在这长达十余年的寂寞的日子里,孔子的生活十分清贫。一次,他喜爱的狗死了,习俗是拿车的伞盖包裹狗尸,孔子没有,只能用一领破席卷卷,草草埋了。

孔子说:"君子吃饭不求过饱,只要不饿着就罢了,住室不求安乐,只要能容身就罢了。做事敏捷,说话谨慎,以仁道匡正自己,这样就可以说是好学的了。"

公元前 570 年,流亡国外的鲁昭公病死在晋国。季氏余恨未消,废了昭公儿子的继承权,改立昭公之弟为国君,为鲁定公。不久,昭公遗体运回鲁国,季平子想使它安葬在鲁国国君墓地之侧,两墓间挖上一条沟以示区别,还想给昭公一个壤的谥号。经大臣相劝,他才罢了,只将昭公葬于墓道的南面,以示薄惩。

这一切孔子看在眼里,但他无力干涉。

季氏貌似强悍,其实权力已逐渐被当了他几十年老家臣的阳虎掏走。公元前 505 年,季平子死,其子季桓子新立,阳虎见机发动政变,取得了"陪臣执国命"的地位,国中无人敢反对他。

对这一切,孔子同样无能为力。他只好寄希望于历史。

孔子说:"天下有道时,礼乐之事和出兵征伐均由天子来定夺。天下无道时，则由诸侯决定。这号令出自诸侯，能传到十代的就很少了。出自大夫，传到五代的就罕见了。陪臣执国命的，三代就已难得。天下有道的话，政权就不会由大夫来执掌。如天下有道，百姓就不会议论纷纷。"

然而，三代毕竟是一个很长的时间。这意味着孔子在鲁国将虚度此生。他的内心并不甘于沉寂，而常常在想如何在历史上留下自己的印迹。

三十多年前，阳虎曾在季氏的大门前挥退孔子。如今，为巩固自己的地位，他想和孔子和解。可是，孔子不去见他。

阳虎想了一个办法，趁孔子不在家时派人送去一头蒸熟的小猪。阳虎的地位等同大夫，大夫赐物，孔子按礼的要求必须亲自去大夫家道谢。孔子是个言必称礼的人，面对小猪很觉为难。

孔子还是想出了一个好办法。他也看准阳虎不在家时去拜会。这样既不必会面又不失礼，两全其美。

从阳虎家出来，孔子正高兴，谁知冤家路窄，迎面撞见归来的阳虎。

阳虎对孔子说："你过来，我有话对你说。"

孔子只好过去。

阳虎说："一个人怀着一身的本领，眼看着国家迷乱却不去拯救，这能称得上仁吗？"

孔子说："不能。"

阳虎又说："一个人希望参与政事又屡次放弃机会，这可谓聪明吗？"

路遇阳虎

孔子说："不可。"

阳虎看看孔子，缓缓地说："你已年近半百，光阴流逝，时不再来。"

孔子似被说动了，说："好吧，我打算出来做官了。"

孔子虽然答应了阳虎，但审时度势，还是没去做阳虎的官。

国君们不肯用他，用他的却是孔子不甘同流的乱臣。孔子内心难以平静。

眼见日子一天天过去，孔子在寂寞中又过了三年。他常常在泗水边看着河水流逝，如同看着时光的流逝。

孔子的弟子越来越多，这使得他不那么孤独。

孔子对弟子说："国家有道，拿官俸而白吃干饭，很可耻。国家无道，贪图官俸不知进退，也很可耻啊！"

弟子原宪问老师："一个人从不表现好胜、自夸、怨恨、贪欲这四种毛病，可以说是仁了吧。"

孔子说："能做到这样非常可贵。但是不是仁，我不知道。贤者看到时势不好就隐居起来，次一等的就避开是非之地，再次一等的见人家脸色不是回事就避开，再次一等的见说话不是味道即避开。这样做的已经有七个人了呀。吃粗粮，喝凉水，弯着胳臂枕一颗头，乐趣也就在其中了。出卖仁义换得的富贵，在我看来那是天上的浮云。"

颜回和子路站在孔子的身边。

孔子说："何不各人说一说自己的志向。"

子路先说道："我愿将自己的车马衣服皮袄与朋友共享，即使用坏了也不遗憾。"

颜回接着说："我不愿夸耀自己的长处，不表白自己的功劳。"

子路说："希望听听老师的志向。"

孔子说："我愿老人得到安康，愿朋友信任我，年轻人怀念我。"

子路见老师情绪不错，便走上前，问孔子侍奉鬼神的道理。

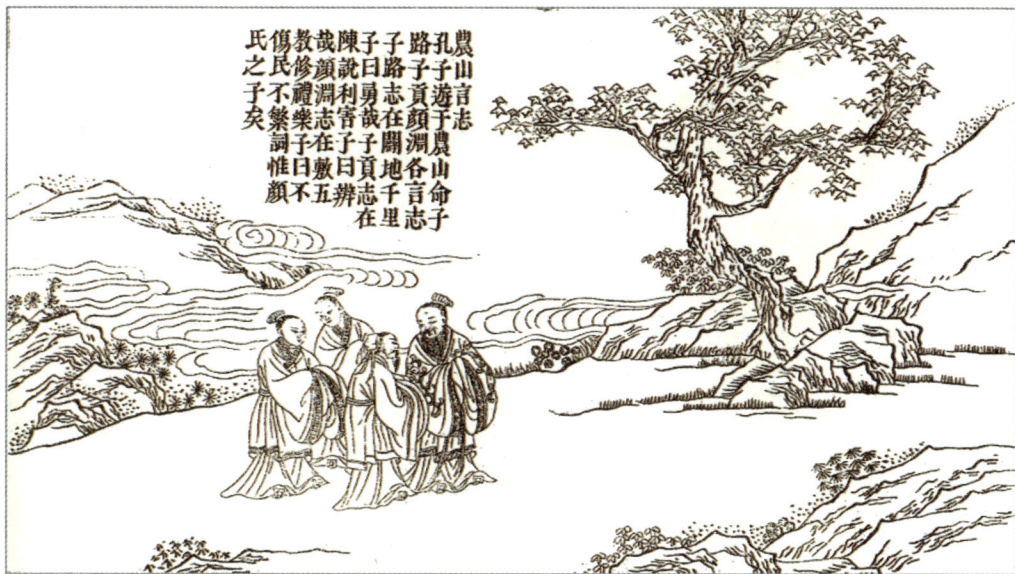

农山言志

孔子游于农山，命子路、颜渊各言志。子路言勇，颜渊言命。子贡言辩，子路志在千里。子贡志在关谈。子路志在子敷。颜说洞利害，陈说洞利害，哉修颜说洞乐志。教民不礼，乐志傷民繁词惟颜氏之子矣。

谈论志向

孔子曾说过："祭祀祖先心中就当作祖先真在面前，祭祀神心中就像神也在身边。"但他平日不愿说及怪、力、乱、神一类话题。

见子路问，孔子有点心烦，说："活人还不能侍奉好，怎么去侍奉鬼呢？"

子路见没问出什么，不知趣地又说："我大胆请问老师，死是怎么回事。"

孔子说："生的道理还没明白，怎能知晓死呢？"

端木赐（字子贡）进来，问孔子："这里有块美玉，是放在匣子里藏起来呢，还是找个识货的商人卖了它呢？"

孔子大声说："卖了它！卖了它！"他看看众弟子，说，"我正等待识货的人来呀！"

孔子想起了阳虎的邀请。他喃喃地说："人的性情本来相近，只因沾染的习性不同，相距就很远了。道不同，不能在一起议事啊。"

弟子们疑疑惑惑地听着，不懂孔子的话，不知老师究竟想干什么，总觉得他有难言之隐。弟子们私下猜测议论着，不料被孔子知道了。

孔子说："道听途说，就会丧失德性。你们以为我有所隐瞒吗？我对你们是没什么可隐瞒的。我做的事没什么不可以告诉你们，这就是我孔丘啊。"

在这种气氛下，弟子们的学习不免有些懈怠。孔子很生气。

孔子说："你们群居终日，言不及义，弄些小聪明，想要有出息就难了。饱食终日，无所用心，想要有出息就难了。不是还有下棋那回事吗？下下棋吧，也比这样强些。"

弟子们见势不妙，赶紧去读书。

宰予一向能说会道，见老师生气，连忙表了一番努力学习的决心来宽慰老师。孔子这才平了气。谁知他一转身回来，见宰予居然大白天睡起大觉来。孔子气得伤了心。

孔子对弟子们说："宰予啊，朽木不可雕也，粪土垒的墙不可粉刷也，对宰予这种人，还有什么话说呢？过去我对于人，听了他的话就相信他的行为，现在我对于人，听他说了还要看他做的。这是宰予让我改变的呀。"

弟子们不敢作声。

孔子说："我无话可说，我不想说话了。"

子贡轻声说："老师，说吧说吧。您不说话，弟子们怎么记笔记呢？"

孔子大声问："老天说了什么呢？春夏秋冬照样更替，万物照样生长。老天说过什么吗？"

孔子说完走出门去。

弟子们面面相觑。

阳虎不断经营自己的势力，变得更为强大。他想将"三桓"中的季桓子、孟懿子、叔孙武叔全部除去，取而代之，一统天下。

公元前 502 年 10 月，阳虎请季桓子到蒲园去赴宴。季桓子在车上看看不对，半路逃到孟孙氏的家。面对阳虎的公然反叛，鲁国的贵族们一起动手，将他打得逃到齐国，逃到宋国，再逃到晋国。

叛乱发生时，季氏的家臣公山不狃起兵响应阳虎，在费邑举事。公山不狃觉得孔子是个人物，学识渊博，门徒众多，便派人来请孔子。

孔子动心了。

子路对孔子的举止百思不得其解。老师是个知礼之士，爱说"君君臣臣"，如何去助那乱臣贼子。

子路不高兴地说："没地方去就算了，何必去那个公山不狃那里呢！"

孔子心事重重地说："那个召我去的人，难道会叫我白走一趟吗？如果有人用我，我将再建一个周公的东周。"

孔子终究没成行。

孔子五十岁了，已是"知天命"之年。他要自己再忍一忍，继续向弟子传授学业，继续从事诗书礼乐的整理研究。他等待着时机。假如命运真的不济，不能实行自己的主义，只有乘个木筏漂流出海了。好歹还有个忠勇的子路会跟着自己。

弟子说："那东方的蛮夷之地，条件简陋，怎么能住人呢？"

孔子重重地说："君子居之，何陋之有？"

从政鲁国

孔子未应阳虎和公山不狃之聘，使得政治生涯出现转机。季桓子幸免于难之后，为了改善政局，决定起用孔子。长达十四年的隐居终于结束。公元前501年，孔子五十一岁时，出任中都宰，开始他短暂的从政生涯。

中都在鲁国的西北部，孔子在此实践自己的政治主张。他以礼治邑，从养生送死入手，规定了长幼异食，强弱异任，棺厚四寸，椁厚五寸，择丘陵为坟，不封不树等措施。仅仅一年，使得中都邑夜不闭户，道不拾遗，用器不雕饰，

担任鲁国中都宰

男女分开行走。各地的人们闻讯前来参观学习。

鲁定公十分高兴，问孔子："你的办法能治理鲁国吗？"

孔子自信地说："我的办法既然可以治天下，自然可治鲁国。"

鲁定公将孔子升迁为管理工程事务的小司空，不久又升为司寇，掌管全国的司法事务。见孔子当权，羊贩沈犹氏不敢一清早将羊灌上一肚子水然后出售，怕老婆的公慎氏将老婆一咬牙就休了，行为不端的慎溃氏赶忙迁居国外，贩卖牛马的人不敢漫天要价了。

孔子说："审理案件，我和别人没什么两样。但我在努力使得没有案件发生。"

孔子当了官，逢国君召见，他的脸色立即庄重起来，快步前往，说话时声音放低。有时国君召见，等不及马车就快步先走了。在朝廷，和下大夫说话，显得温和而快乐，和上大夫说话，显得正直而恭敬。国君在时，显得恭敬而不安，举止从容合乎礼节。

孔子见到乡亲，温和而恭顺。一起饮酒时，礼让老年人先行。看见穿丧服者，虽是密友，也一定神情严肃表示同情。遇见盲人，格外讲究礼貌。告诉盲人，小心台阶，这是座席，向他介绍周围坐着什么人。

一次，家中失火，烧着了马厩。孔子退朝回来，先问伤了人没有，不问自己的马。

做官后孔子的生活有了改善。他食不厌精，脍不厌细。食物变质、变色、气味不正不吃，烧得不好不吃，不按规矩宰割的肉不吃，不是吃饭时候不吃，没合适的调味品不吃，集市上买的酒肉嫌其不洁不吃，吃不过量，饮不及醉。孔子吃饭时不说话，睡到床上也不说话，不僵卧。孔子的衣裳也讲究起来，应时应事而更换，十分注重礼节和色彩。

虽然如此，孔子即使只吃粗饭和菜汤，也恭恭敬敬，循规蹈矩。

敬入公门

一天，孔子和子路、曾皙、冉有、公西华坐着。孔子说："不要因我年长一些，你们就不说话了。平时你们说不被人了解，如有人了解你们，你们想干什么？"

子路率先说："拥有千辆兵车的国家，夹在大国之间，受人威胁，又遭饥荒，我去治理，只要花上三年时间，可使人民既有战斗力又懂得礼义。"

孔子听后微笑，问冉有的想法。

冉有说："方圆六七十里或五六十里的小地方，我去治理三年，可使人民丰衣足食。至于礼乐，则等君子来实行。"

孔子又问公西华的想法。

公西华说："不说我有什么本事，我只是愿意学习罢了。宗庙的祭祀，诸侯的聚会，我愿穿上礼服，做一个小傧相啊。"

最后轮到曾皙，曾皙将琴声缓下来，用力拨了一下弦后放下琴，说："我与三位的想法不同。"

孔子说："不妨说说，不过是各言其志罢了。"

曾皙说："暮春时节，穿上春衣，五六个成年人，六七个小童，在沂河洗个痛快的澡，在舞雩台上吹点和风，然后唱着歌儿回家。"

孔子轻叹一声，指着曾皙说："我与他一道。"

孔子政务繁忙，暮春出游只能是望梅止渴。齐国与晋国对峙着，鲁国为了自身安全，打算与齐国媾和，索回被齐占领的汶阳的土地。

齐鲁两国国君于公元前500年在齐国边境的夹谷相会。鲁国由孔子担任负责礼仪的相礼一职。孔子对鲁定公说：

"有文事必有武备，有武事必有文备，方能避免不测。"

鲁定公在军队的护卫下来到夹谷。齐景公和鲁定公在高高的坛上就席。齐国执事官员招来一群手持兵器的土人说是表演，孔子见势不妙，抢步上坛质问齐景公。景公无言以对，下令土人离去。会后，景公被迫归还阳虎献给齐国的汶阳三块土地。

这次外交胜利，加强了孔子的地位。不久，他代替季氏处

夹谷之会

理国政。弟子子路当了季氏的家臣。大权在握，孔子喜形于色。

弟子见了，说："我听说君子祸至不惧，福至不喜。"

孔子说："有这个说法。但你不知道还有'人生的快乐还在于居贵位仍谦逊对待普通人'这句话吗？"

为了严肃政治，孔子将鲁大夫少正卯给杀了，罪名是顽固传播异端邪说。孔子执掌国政三个月，卖肉的商人不敢胡乱要价，男女在街上分开行走，市民路不拾遗，四方宾客前来观光时不再找地方官诉苦，有宾至如归之感。

杀少正卯

礼堕三都

　　孔子为使国君重新得到君权，在鲁定公支持下，下令收缴大夫手中的武器，拆毁"三桓"的城墙。这被称作"堕三都"的行动由子路来执行。

叔孙氏首先将自己封地，郈邑的城墙主动拆了。季氏的叛乱家臣公山不狃占据费邑，率兵打到曲阜，被孔子派大夫申句须领兵击退，一举打到费邑，拆去城墙。只剩下孟孙氏的封地成邑由其家臣占着，硬是不拆。鲁定公派兵围攻不能破城，只好不了了之。

齐国见孔子被任用，唯恐鲁国强大起来威胁到自己，便施用离间之计。他们投鲁定公和季桓子所好，选调八十名会跳康乐舞的美女，分乘三十辆由一百二十匹装饰彩衣的骏马拉的车，一起送到鲁国。骏马美女招摇过市，停在曲阜南郊等待接收。季桓子微服一再前去观赏，十分喜欢。他请鲁定公亲自验看，

齐国送礼

辞官离鲁

定公一见之下，非常着迷，发话将礼物收下。此后，一连三天沉溺于声色犬马不去上朝听政。

子路非常反感，劝孔子还是走吧。孔子忧郁地说："小不忍则乱大谋。"他要子路再等一等，等到郊祭那时，看看是不是分给自己祭肉再决定去留。

孔子空等了一场。他明白自己已不再受信用。四年的为官生涯黯淡地结束了。他辞去官职，对学生说：

"父母的年龄，当儿子的不可以不知道。父母在，不远游，否则一定把出游的方位告知老人。我将去卫国，不知何时能回来。你们愿跟从我的先把家安顿妥当吧。"

子路、颜回、子羔、子贡、冉有、宰予等十余名弟子齐声说:

"愿随夫子左右。"

子见南子

公元前 497 年，孔子五十五岁。他痛心地离开父母之邦，开始了长达十四年之久的周游列国。

行前，孔子对弟子们说："人要有坚定的信仰，有好学的精神，誓死完善仁义之道。我们不进入危在旦夕的国家，不居住于动乱不休的国家。天下有道则出来做官，天下无道则隐居不仕。国家政治清明，自己贫穷而低贱，这是耻辱。国家政治黑暗，自己富足高贵，也是耻辱啊。"

孔子一行离开鲁国，向西边的卫国进发。弟子问："老师啊，您怎么走得这么慢啊？"

孔子回首遥望故国，拭去泪水，说：

"我走得这么慢啊，这是离开我父母之邦的路啊！"

孔子不像第一次去齐国时那样乐观了。大路朝远方伸展。既然这是唯一的路，孔子也就走了下去。

孔子的车进入卫国的疆域。弟子冉有驾着车，孔子在车中看着两边的风光。

孔子说："这儿的人真多啊！"

冉有问："百姓多，应该怎么办呢？"

孔子说："让他们富裕起来。"

冉有又问："富裕之后再怎么办？"

孔子说："教育他们。"

子路在一旁问："卫国国君正等待老师去帮他治国，您准备先做什么？"

孔子说："必定从正名开始。"

子路过去见过孔子在齐国"君君臣臣"地正名碰了钉子，觉得老师的想法不合时宜。

子路说："正什么名呢，您真迂腐啊。为什么要正名呢？"

孔子说："你很放肆啊，仲由！君子对自己不明白的，大都是存疑回避的。我告诉你，名不正则言不顺，言不顺则事不成，事不成则礼乐不兴，礼乐不兴则刑罚不当，刑罚不当则百姓手足无措。所以，君子遣词说话，不能马马虎虎。"

到了卫国，他们在子路的妻兄颜仇由家借住，然后求见卫国国君卫灵公。

卫灵公也曾听说过孔子，德高望重，门徒众多，于是接见了他，以礼相待。

卫灵公问及孔子在鲁国当官时一年的俸禄，孔子回答说"六万斗"。卫灵公便慷慨地也给他六万斗。有了钱粮，孔子一行便把生活安顿了下来。

孔子说："鲁国和卫国的政事，犹如兄弟。"

优待之后，卫灵公并无起用孔子的动作。孔子的到来引起

灵公郊迎

朝中官宦的猜忌，常有人在卫灵公前说些排斥孔子的话。卫灵公疑疑惑惑，就派了一个叫公孙余假的人，秘密监视孔子的活动，以防不测。

孔子长长地叹了口气，知道无法住下去了，仅仅十个月，他就离开卫都帝丘，朝陈国而去。随同离卫的，除原来的弟子，还有一个叫公良孺的陈国贵族青年，他以五乘私车加入了周游的行列。

车队行走着，经过一个叫匡的地方。几年前，阳虎领着兵马侵犯郑国，曾攻占匡邑，匡人对阳虎十分怨恨。

为孔子赶车的弟子颜回曾随阳虎到过这里，他用马鞭指着前方对孔子说，当年是如何随阳虎打入城墙的缺口。不巧被匡人听见，看看孔子长得颇像阳虎，就以为阳虎又来了。

城中冲出一彪人马，将孔子一行团团围困起来，气氛十分紧张。

颜回因体弱，被冲散后很久才回来。

孔子见颜回回来，方才宽心，说："我不见你，以为你死去了。"

颜回感动地说："老师还在，我颜回怎么敢死呢？"

匡人在蠢蠢欲动，弟子们都耐不住了，怕有不测。孔子却安详如故。

孔子说："周文王逝世了，他的文化不是还由我们保存着吗？如果老天要废弃这文化，那我们这些后人就不会知道它了。老天不废弃它，匡人能将我怎么样呢？三军可夺帅，匹夫不可夺志。"

孔子说罢抚起琴来。

匡人将孔子一行围了五天，发现孔子他们文质彬彬，知道弄错了人，就解了围。

匡人解围

　　孔子赶紧动身，谁知才走到蒲邑，又被当地的蒲人围住。卫国的大夫公孙戌被卫灵公驱逐，逃到这里，为了壮大声势，他想截留孔子。公良孺性子刚烈，不愿再被拘禁，就领头和蒲人打了起来，子路等人都奋力向前。

　　蒲人见来势汹汹，建议讲和。条件是孔子等人不能回到卫国去，以免泄露了这里的虚实。孔子同意了，双方举行盟誓。仪式完毕，蒲人放行。

　　蒲人才走，孔子就吩咐还是回卫都帝丘。子贡惊奇地问孔子："刚才发了誓，能违反吗？"

　　孔子说："那是要挟我们发的誓，神灵不会听的。"

公良孺从游

　　卫灵公听说孔子回来，出城去迎接。他问孔子蒲邑的情况，孔子说那里的男女老少都不支持公孙戌，建议攻打蒲邑。卫灵公考虑再三，觉得还是不打为妙，留着它可以作为和晋国、楚

子见南子

国的缓冲地。

孔子回到帝丘，住在老友蘧伯玉的家中。

孔子曾称赞蘧伯玉说："多么正直啊，蘧伯玉！国家有道则做官，国家无道则收拾收拾而去隐居。"

子贡在一旁听了，称蘧伯玉为仁人。

孔子说："工欲善其事，必先利其器。我们居住在这国家，要侍奉它的大夫中的贤人，和志士仁人为友。住在讲仁义的地方多么美好啊，选择不仁之处，怎么算是聪明呢？"

卫灵公有夫人名南子，年轻貌美，深得卫灵公的宠幸。可惜婚前在宋国的娘家行为不检，名声就亏了一点。南子听说孔子又来，很想见见这位名人。她派人前去邀请。来人告诉孔子，凡想结交卫公的，都去拜会南子，已成惯例。孔子想了一想，答应了。

南子生性妖娆，着意打扮了一番，在纱帐后坐等孔子。孔子进宫，向南子行叩拜之礼，南子忙起身答礼，只听见帐后有佩戴的玉器叮咚之声。

孔子回来，子路的脸色很不好看。孔子说了一番见南子的道理，子路不听。

孔子着急了，指天发誓说："如果我有什么不正当的念头，老天灭了我！老天灭了我！"

南子对孔子的印象不错。会见后，子路当上了蒲邑宰，子羔任士师。但孔子始终未能被委以重任。

孔子忧郁地说："如果有人起用我，一年就差不多了，三

同车次乘

年可以成功。"

然而卫灵公偏偏不用他。一次，邀孔子一同出游，卫灵公和南子坐在前边的车上，让孔子坐在第二辆车，招摇过市。孔子觉得这不是待客之礼，自己形同摆设，心里觉得窝囊。

孔子眼看虚度年华，思想着去他国试试机会。这时传来消息，鲁国国君鲁定公去世，鲁哀公继位。子贡事先曾说鲁定公有死亡之相，现不幸而言中，孔子怪子贡多嘴多舌。

公元前494年，孔子想去晋国，会见执政的赵鞅。刚走到黄河东岸，传来消息，赵鞅将晋国的两位贤人窦鸣犊和舜华杀了。两人曾有恩于赵鞅，谁知落得如此下场。兔死狐悲，孔子看着眼前那滔滔黄河，感慨不已。

子贡劝老师想开一点。

孔子说："我听说，破腹取胎，麒麟就不出现；竭泽而渔，

西河返驾

蛟龙离开深渊；覆巢破卵，凤凰不再空中飞翔。我们回去吧。"

孔子又一次回到卫国，既然看穿卫灵公不是有道之君，他也就心不在焉，注意着别处的机会。

不久，晋国发生动乱。赵鞅和其他贵族发生武装冲突，他的家臣佛肸乘机起事，在中牟叛乱，并向孔子发出邀请。孔子因恨赵鞅，又苦于在卫国的无聊岁月，想去应召。

子路劝孔子说："我以前听老师说，'亲身干坏事的人，君子是不与他为伍的'。佛肸正是这样的坏人，您想应邀，怎么说得过去呢？"

孔子被他说得心烦，回答说："对啊，我说过这话。但你不知道吗，最坚固的东西，怎么也磨不薄，最白的东西，怎么也染不黑。我难道是匏瓜吗，系在那里，叫人看看，不能来点儿吃吃！"

灵公问阵

卫灵公见到孔子，问他战争的事。孔子不再有问必答，推托说：

"祭祀的知识，我还懂几分。打仗用兵，从未学过。"

次日，两人又相见。正说着话，天上大雁飞过。卫灵公举头看雁，神色怠慢。孔子的心更灰了。

一天，孔子在家中击磬。有个挑草筐的人经过门前，驻足聆听。他说："这击磬的人，心事重重啊。"听了一会，他又说：

"见识短着呢，击得轻轻的。没有知己就算了吧。好比渡河，水深就脱了衣裳游过去，水浅就撩起衣裳趟过去。"

孔子听见后说："道理倒是这样。可这样做就更难为人了呀。"

卫国终于大乱。太子蒯聩深恨南子，谋害不成只好逃亡晋国。卫灵公废了蒯聩，改立蒯聩的儿子辄为储君。公元前493

适卫击磬

年 4 月，卫灵公去世，孙子继位，为卫出公。卫出公的父亲蒯聩在晋国赵鞅的支持下，准备回国争夺君位。

孔子觉得这是闹剧，无仁无义，对谁也不表同情。

既然这样，只能走了。子路等也辞了官随孔子而去。

丧家之犬

孔子又踏上周游的路途，山高路长，人困马乏。

他们一路向南，经过曹时没有停留，直到宋国才住下。宋是孔子的祖籍，但宋景公对孔子的来到并不热情。国君如此，大臣们更是无礼了。

宋国的司马桓魋，专横跋扈。他活得快活了，就想死后的威风。他命人为自己做一副套在棺材外的巨型石椁，工程浩大，居然三年还未完工。孔子听说后生了气，忘了老子的嘱咐，激烈抨击桓魋。

桓魋知道后，大动肝火。孔子和弟子常在一棵大树下演习礼仪，桓魋派人将此树连根刨去，用以示威，弟子们见事不好，劝孔子赶紧离开。

孔子说："上天使我有德，桓魋能把我怎么样呢？"

话虽这么说，没等桓魋再来，孔子一行还是决定快走。他们换了装束，化装分成几股，绕道潜出城去。众人约定在郑国国都新郑外会合。

宋人伐木

丧家之犬

孔子独自站在新郑东门外等候弟子。

子贡到处寻找老师，逢人就问。一个老乡说："东门外站着个老头，两颊像唐尧，颈子像皋陶，肩膀像子产，腰以下比大禹短了三寸。狼狈得很，整个人看起来像一条丧家之犬。"

子贡谢过老乡，赶紧找去，果然见到孔子。他将听到的话告诉孔子。

孔子听罢，仰面大笑。说：

"人的形状，小事一桩。他说我像丧家之狗，是啊！是啊……"

师徒离开郑国，抵达陈国。孔子已六十岁了。他能明辨听到的话语，不再偏颇。

孔子说："六十而耳顺。"

陈侯陈闵公欢迎孔子的来到，待以上宾，拨出最好的馆舍供其居住。

不久，听说鲁国官城火灾，烧毁了宗庙。孔子说，烧毁的一定是桓公和僖公的庙。按当时诸侯的庙制，他们的宗庙应在四世时及时拆毁，而今已有八世和五世了。孔子认为是天火代为毁庙。

陈闵公起初不信，后来听到果然如孔子所预言时，不禁非常敬佩。他对子贡说：

"我现在才知道，圣人多么了不起！"

又有一次，天上掉下一只鹰来。死鹰的身上带着箭，楛木箭杆长一尺八寸，石制的箭镞，箭上刻有奇怪的文字。陈闵公派人向孔子请教。孔子接过箭，看了看，说是古代肃慎国的兵器，曾作为贡品传到中原。陈国保存古物的库房内也许还有此箭。

陈闵公立即叫人去查，果然是这样。这使得他更佩服孔子的博学。

然而孔子并不以此为乐，他无意成为一部奇闻轶事的活字

孔子看出死鹰身上带着楛木箭杆

典，由陈闵公随意翻检。可从政的目标还是那么遥远。

在鲁国，掌权的季桓子病得不轻。他坐车出行，最后一次看看故国，他想起孔子，对儿子季康子说：

"我就要死了。我死后，你在鲁国执政。我们国家没能繁荣昌盛，是因为没有善待孔子。你一定把孔子请回来。"

几天后，季桓子死，季康子继位。他想召孔子，被一个名叫公之鱼的臣子劝阻。他说：

"当年先君未能善始善终重用孔子，在各国诸侯中留下笑柄。今天您又要用孔子，如果还是不能一用到底，不是更加被人耻笑吗？"

季康子想了想，决定还是稍缓，先召孔子的弟子冉有回国。

孔子听说鲁国来了使者，非常高兴，他唱起了歌：

"回去吧，回去吧，

我家乡的弟子们个个好样儿的，

我不知回去怎么教导他们。"

弟子告诉孔子，使者是来召请冉有。孔子听罢，静了片刻。

孔子厌倦了年复一年的奔波，十分想念家乡。但他和鲁昭公一样，没有邀请不愿自己回国。鲁昭公最终客死他乡，孔子想到这些不免神伤。

孔子叫来冉有，叮嘱了一番回国后从政的道理。冉有受教退出，被子夏接着。子夏祝贺冉有回国后说：

"老师老了，就应叶落归根。你回鲁国，一定找机会要他们请老师回归家乡。"

冉有连连答应。第二天，拜别老师同学，喜洋洋地回鲁国去上任。

陈蔡之厄

孔子在陈国一住三年，尽管生活安定，终是无趣。他带着弟子想去楚国碰碰运气。

由陈入楚，要经过蔡国。此地连年兵火，人烟稀少，赤地百里。孔子一行越走越是荒凉，前不着村后不巴店，眼看要断粮了。

孔子要去楚国，楚王准备派人去聘孔子，消息传到陈、蔡两国，两国大夫纷纷向各自的国君进言，认为应加以阻拦，不让孔子为楚所用，于是两国均派出一些人，将孔子一行围困于陈、蔡之间的旷野。这样一来，孔子与弟子们一连七天没米做饭，随行的弟子们愁眉不展，一个个饿得发昏，有的甚至病倒。

孔子依然十分安详，以不变应万变，一如往常地讲学，诵诗，抚琴，唱歌。

弟子们再也无心听讲。这些年来辗转奔波寄人篱下的滋味已受够了，没想到还会弄到饭也没吃的地步。子路终于耐不住了，跳起来问孔子：

"君子也有受困到无计可施的时候吗？"

孔子说："君子能够安守困厄，小人就什么也不顾了。"

孔子对弟子们说："《诗》中有这样两句，不是老虎，不是犀牛，徘徊旷野，是何缘由？是我的主张不对吗，为什么会落到这个地步呢？你们能告诉我是为什么吗？"

弟子们纷纷议论。

子路说："也许是我们不仁，人们才信不过我们。也许是我们无智，人们才不接受我们的主张。"

孔子摇头，说："如果仁德必能见信于世，那么伯夷和叔齐就不至于饿死在首阳山了。如果智者还能见用，那么比干就不至于被剖腹剜心了。"

子贡说："老师的道非常之大，所以天下容不下老师，老师是不是将它降低一些？"

孔子说："赐啊，一个好农夫也不能保证好的收成。一个好工匠未必能使人人对他满意。君子只能进一步完善自己，有时就顾不上别人的好恶。而今你不在修道上努力，却求别人的接纳，赐啊，你的志向还不是很大啊。"

颜回是孔子最得意的门生，他的话十分得体，正合孔子心思。

颜回说："老师的道非常之大，所以天下容它不下。可是老师可以努力推行自己的道，不见容于世算什么呢，这正显出君子的修养。如果是我们没把道修好，那是我们的耻辱。道既然已修得非常之好却仍不能见用，只能是当权者丑陋。因此，不被接受不足为病，不被接受正说明老师是堂堂的君子。"

孔子听罢十分高兴，说：

"颜家出了一个好小子！等你发了财，我来给你当管家吧。"

众人大笑，暂时忘了饥饿。孔子说：

"岁寒，然后知松柏之后凋也。志士仁人，决不贪生以害仁，只有杀身以成仁。朝闻道，夕死可矣。对只会说'怎么办！怎么办'的人，我对他们也不知怎么办了。"

孔子在被围的困境下，一面讲道理稳定人心，一面派子贡去楚国求援，楚兵很快来解了围。

陈蔡之厄 绝粮七天

孔子向负函行进，经过楚的属地叶城停下休整。守将叶公向孔子请教统治术。孔子说：

"为政者要能赢得民心。如能使近悦远来就算成功了。"

后一日，叶公见子路，便问他孔子是个怎样的人。子路傻看了叶公一眼，不知他想干什么，便没回答。孔子知道后，说：

"你怎么不说，他的为人啊，发愤忘食，乐以忘忧，不知老之将至。"

叶公来拜会孔子，说起家乡有一个正直的人，他父亲偷了别人的羊，他就去告发。孔子听罢连连摇头。

孔子说："我家乡的正直人与此不同，父亲为儿子掩饰过失，儿子为父亲掩饰过失，正直也就在其中了。"

叶公听得大长见识。

孔子到了楚国的都城。楚昭王抱病接见了他，将他聘为自己的谋士，准备把书社之地七百里封给孔子。大臣子西出来劝阻，说：

"孔丘的弟子人才济济，文武兼备。办外交，没人比得上端木赐，将帅没人比得上仲由，辅佐国君没人比得上颜回，治理地方没人比得上宰予。可是，他们毕竟是他国人。"

叶公问政

楚昭王被说得犹豫起来。孔子一天天等着楚侯的任用。谁知等到秋天，楚昭王突然死了。

063

子西阻封

孔子又回到卫国。他依然想着"正名"，可是时运不济，没人听他的。倒是仲由和高柴，被聘为蒲邑的大夫和卫国的刑狱官。二人上任，勤勉工作，做出了成绩。

一天，孔子驾车出游，一个叫接舆的楚国人唱着歌儿疯疯癫癫地从车前横穿而过。

"凤鸟啊，凤鸟啊，

你怎么就落到了这种地步。

过去的事已经过去，

未来的日子还可以抓它一把。

得了，得了，

这会儿当官的不要命了！"

孔子听着，心里一震，想下车和他聊聊，谁知这个接舆手舞足蹈地走远了。

孔子正走投无路，传来了好消息。经弟子冉有的活动，鲁

接舆狂歌

重回鲁国

国执政的季康子派出公华、公宾、公林三人，持着厚礼来接孔子回国。

孔子已六十八岁了。妻子亓官氏两年前已病故。尽管他没想好回去干什么，但十四年的颠沛流离使他毫不迟疑地踏上回乡之路。

路遇隐者

在周游列国的旅途中，孔子曾遇到一些不寻常的人和事。

长沮和桀溺在田里不慌不忙地并肩耕作，看见有辆车朝这儿驶来。

孔子坐在车上。一条大河挡住去路，左顾右盼，看不见渡口何在。子路跳下车去问路。

长沮不回答子路的问话，却问他："车上那个挽着马缰的人是谁啊？"

子路说："那是孔丘。"

长沮问："是鲁国的那个孔丘吗？"

子路说："是啊。"

长沮忽然高兴起来，说："原来是他啊，他必定知道渡口在哪儿，何必来问。"

桀溺插问："你是谁呢？"

子路说："我叫仲由。"

桀溺又问："你是孔丘的门徒吗？"

子路说："是。"

桀溺说："这个天下像洪水泛滥，乱透了，谁能去改变它呢？你与其跟着孔丘那种躲避小人的人，还不如随我们逃避乱世呢。"

说完，他俩用农具砸着土块，将种子盖上，不再搭理子路。

子路将问路的经过告诉孔子。孔子听罢，怅然若失。

孔子说："人啊，总不见得隐居山林去和鸟兽为伍吧。我不和世人在一起又能和谁在一起呢？如果天下有道，我还奔波什么呢？"

子路问津

又有一天，子路跟随孔子出行落在了后面，遇见一个老头，肩上用拐杖架着耘田的农具。

子路问："请问您见到我老师了吗？"

老头说："四体不勤，五谷不分，也算是老师？"

老头放下拐杖，除起草来。子路在一旁恭敬地站着。天色不早了，老头邀子路回家，杀鸡煮饭给他吃，叫自己的两个儿子出来与子路相见。

子路借住了一晚，第二天拜别老头，赶上了孔子。

孔子听子路说完，感叹道："这是位隐士啊。"他要子路回去看看老头。子路去后一看，老头已不在了。孔子闷闷不乐。

子路安慰说："不出来做官，是不近仁义的。他要儿子出来见我，是出于长幼的礼节。既然长幼的礼节不可废置，君臣之间的礼义倒是可以不顾的吗？这老头只顾洁身自好，却破坏了君臣间根本的伦理关系。君子出来做官，只是为了这君臣之义，至于自己的政治主张行不通，我们早就知道了。"

孔子默默不语，吩咐赶路。

孔子出行，曾见两个小孩在争辩。孔子颇有兴趣地听他们争些什么。

一个小孩说："我觉得太阳刚升起来时离人近，到了中午离人远。"

另一个说："不对，日出时远，日中时近。"

先说的那个小孩说："日出时大得像巨伞，到中午就小得像碟子，这不是近大远小吗？"

另一个说："太阳刚出来时还凉飕飕的，等到中午就热得不行，难道不是近热远凉吗？"

两人争执不下，请孔子评判。孔子答不上来。小孩说："你是学问最多的人，怎么也有不知道的事。"

孔子说："知道就说知道，不知道就说不知道，这就是……"

没等孔子说完，两个小孩已去玩了。

回国议政

公元前 484 年，六十八岁的孔子回到阔别多年的家乡。

鲁国政府给孔子良好的生活待遇，尊他为国老，但不授予任何官职。孔子的弟子冉有、子贡、子路、子游、子夏、宓子贱等则相继任职。

孔子的心依然不能平静，他试图用自己的影响力来参与统治。他告诫鲁哀公说：

"古之为政，爱人为大。君者，舟也；庶人者，水也，水可载舟，也可覆舟。"

执政的季康子来看望孔子，请教政治。孔子说：

"政者，正也。您带带头端正自己，谁还敢不走正道？"

季康子又问："如果杀掉无道之人，来亲近有道的人，您说如何？"

孔子微微一笑，说："您执掌国政，哪里用得着杀人？您要自己善良，百姓就会善良。君子的德行是风，小民的德行是草，草顺风而倒。您对百姓庄重，百姓就会敬重您。您孝敬长者，慈爱幼者，百姓则忠心耿耿。您提拔有能力的好人，教育庸常之辈，百姓就会要求上进。您如果不贪财，就算奖励他们的偷窃行为，他们也不愿去偷。"

孔子不理会季康子的感想，用热烈的语调继续说：

"伟大啊，尧这样的君主哟！多么崇高啊，唯有天最高大，唯有尧能效法天。尧的恩德浩浩荡荡，百姓都无法用言辞来称颂他。他的功绩多么伟大啊，他的学说多么光辉啊！"

孔子颂完尧颂禹。孔子说真是挑不出禹的毛病。季康子见话不投机，匆忙起身告退。

子游出任武城宰，用礼治邑。孔子带着弟子前去参观，听见百姓在练习弹琴唱歌。孔子说：

"杀鸡焉用牛刀？"

子游解释了一番。孔子笑着对弟子们说：

"小伙子们，他说得对，我刚才是开玩笑罢了。"

杀鸡何必用牛刀

车进武城，孔子见老朋友原壤又开两腿坐在地上，说是在等孔子。

孔子笑说："你小时候不孝悌，长大了又无出息，老而不死，真是害人精！"

说着，孔子用拐杖敲敲原壤的小腿。

孔子对季康子的规劝并没发生作用。季康子想要攻打臣服鲁国的颛臾。孔子将冉有和子路叫来问询。冉有推说是季氏要攻打，我们是人家手下之臣罢了。

孔子不高兴地说："冉有啊，古人说过，尽自己的力量去任职，做不好就辞职。有危险你不自持，要倾覆你不扶助，那又何必有你呢？君子最讨厌那种不承认自己贪心还一定强词夺理的人。国家分崩离析尚且不能守住，还策划大动干戈打内战。我担心季氏的忧患，不在颛臾，而在萧墙之内也。"

孔子又说了一番"不患贫而患不均，不患寡而患不安"的道理，希望能吸引远方的人来归服，使之"既来之，则安之"。

冉有申辩说："不是我不喜欢老师的学说，是我们力量不够啊。"

孔子反驳说："力量不足者，走到中途而废。你冉有是划地自限。"

一天，冉有退朝回来。

孔子问："怎么回来这么晚？"

冉有回答："有公事。"

孔子说："怕是季氏的家务事吧。如有公事，我虽不是官员，听听还是有份的。"

不久，又有新的事端。季康子为了聚敛财富，准备实行新的赋税法——用田赋。他派冉有去见孔子，希望孔子赞同。冉有一连问了三次，孔子均不回答。不过，他后来私下对冉有表示了不满，季氏已富得出奇，还将赋税提高一倍，他要冉有不得为季氏搜刮百姓。冉有觉得孔子的话无法实行，转身卖力地去推行新政。孔子十分痛心，对弟子们说：

"冉有不再是我的门徒，你们大张旗鼓地攻击他吧！"

弟子们看着孔子，见他心情沉重，心绪不宁。这位毕生追求仁德的老师说：

"我没见过刚强的人。我没见过爱好道德如爱好女色一样的人。算了吧，我没有见过能够发现自己的过错而在内心自责的人。圣人，我没见过，能够看见君子也就罢了。善人，我没见过，能够看见有恒心的人也就罢了。我，没见过仁者，也没见过厌恶不仁的人。"

诲人不倦

　　孔子以诗书礼乐教育弟子，有门徒三千名，身通六艺者七十二人。他以"学而不厌，诲人不倦"自勉。

　　孔子从四个方面教育弟子：文化知识，行动能力，忠于信念，注重信义。

杏坛设教

孔子弟子像

　　孔子说到斋戒、战争、疾病时十分慎重。他很少谈及利益，但赞成天命和仁德。

　　孔子说："温故而知新，可以当老师了。当仁，不让于师。"

　　孔子教导弟子，不到他苦思不解请求帮助的时候，不去开导他。不到他想说又说不清的时候，不去启发他。他要求弟子做儒生中的君子，不当儒生中的小人。要见贤思齐。

　　孔子对弟子温和而严厉，威严而不凶猛，庄重而又安详。孔子说话时用规范的语言。

孔子弟子像

弟子子贡爱议论他人短处，孔子说："赐呀你就那么贤吗？我可没那种闲工夫。君子严于律己，小人苛求他人。你看我对于别人，诋毁过谁，赞誉过谁？如有所赞誉的，那是经过了一些考验的。"

子贡说："我不愿别人加在我身上的事，我也不愿加给别人。"

孔子说："赐呀，这不是你能做到的呀。"

子路问老师："有件事，我听到后马上就干行不行？"

孔子说："有你父兄在，怎能不问问他们就干呢？"

冉有问同样的问题，孔子说：

"听到了就干吧。"

弟子公西华觉得奇怪，问孔子为何一种问题两样回答。孔子说：

"冉有往往退缩，所以鼓动他。仲由好勇过人，所以要约束他。"

一天，宰予请教孔子，说："为父母服丧，一年已很长了。君子三年不用礼仪，礼仪必然败坏。三年不演奏音乐，音乐一定完了。陈年烂谷子吃光了，新谷上市了，服丧一年也就差不多了吧。"

孔子沉着脸问："父母死去不到三年，你吃新米饭，穿花衣，心里能安吗？"

宰予说："安。"

孔子说："你心安，就去做吧！君子在服丧期，吃美味不香甜，听音乐不欢喜，住好房子不感到舒适。如今你心安，就去做吧！"

宰予出门去。孔子长叹一声，说：

"宰予真不仁啊！孩子生下来，要到三岁才脱离父母怀抱。为父母服丧三年是天下通行的礼。难道宰予没得到父母的三年爱抚吗？"

一天，弟子樊迟向孔子请教种庄稼的知识。孔子说自己不如老农。樊迟又请教种菜，孔子说自己不如老菜农。樊迟自觉没趣，出去了。

孔子说："小人啊！樊迟！君子哪里用得着自己去耕种呢？君子谋道不谋食。耕田呢，难免挨饿，读书呢，可以做官得到俸禄。君子担心学不成道而不担心贫穷。我小时候家中贫贱，所以学会许多卑贱的技艺。君子能学会这么多吗，是不会多的。"

孔子开设四种课程，各有优秀的弟子：

德行：颜回，闵子骞，冉伯牛，仲弓。

言语：宰予，子贡。

政事：冉有，子路。

文学：子游，子夏。

孔子曾教育儿子，不学诗，就不善于说话。不学礼，无以自立。他又告诫弟子说：

"熟读《诗经》三百篇，交给你国家政务，你并不能通达。

圣门四课 优秀弟子

派你出使四方，并不能独立应付。背得虽多，又有什么用呢？"

弟子冉伯牛病了，孔子前去探望，隔着窗握住他的手，哀伤地说：

"你不行了，这是命吧！这样的人竟会得这样的病！这样的人竟会得这样的病！"

孔子说："后生可畏，怎么知道将来就不如现在呢？不过，一个人年已四十还被人讨厌，他这辈子算完了。一个人到了四、五十岁仍默默无闻，也就不足畏了。"

子贡问孔子："有一句话可以终身奉行的吗？"

孔子说："那就是'恕'。己所不欲，勿施于人。仁者，自己想立住脚，就帮助别人立住脚。自己要过得好，就帮助别人过好。凡事能推己及人，可谓实行仁的方法了。中庸作为一种道德，该是最高的吧。百姓缺少中庸已太久了！"

述而不作

孔子终于潜心考虑最后的工作。

孔子说:"君子之道有三个方面,我都没做到,仁者不忧,智者不惑,勇者不惧。没有人了解我啊!不怨天,不尤人,我不耻下问而学通了道理。知我者大概只有老天了!君子担忧到死而名声仍不被称颂啊。我的道不能行,我留给后世什么呢?"

孔子整理着礼乐。他曾问乐于苌宏,学琴于师襄子,听《韶》三月不知肉味。他爱和别人一起唱歌,唱得好就再唱一遍。自从回到鲁国,他对乐曲进行订正,使得《雅》和《颂》各得其所。可惜,孔子整理的这部中国最早的音乐典籍未能流传下来,留下的只是歌词——《诗经》,共三百零五篇。

孔子说:"兴于诗,立于礼,成于乐。《诗》三百,一言以蔽之,曰'思无邪'。为什么不学诗呢?诗,可以兴,可以观,可以群,可以怨。近则侍奉父母,远则侍奉君主,还可多识鸟兽草木之名。"

韦编三绝

孔子在晚年，迷恋《易经》。一部竹简，牛皮绳被他看折了三次。人称"韦编三绝"。

孔子说："如果增加我几年寿命，五十岁时就学《易》，可以避免大的过失了。"

孔子将虞、夏、商、周四代的历史档案经过删节整理，编为被称作《书经》的《尚书》，以此光大远古圣君的业绩。

孔子做得最用心的一项事业是编撰中国历史上的第一部编年体史书——《春秋》。

此书根据鲁国的历史档案修订。他有感于当时的乱世，将鲁隐公元年到鲁哀公十四年之间长达 242 年的历史，以自己的观点予以修订。孔子将王公大夫作为他的审视对象，或贬抑，或声讨，以所谓"微言大义"的"春秋笔法"达到警世的目的。孔子做得非常认真，字斟句酌，使精通文辞的弟子子夏在整理时感到竟无一字可改动。

后来继承儒学的孟子（约公元前 372 年——公元前 289 年）

说:"孔子作《春秋》而乱臣贼子惧。"

孔子说:"知我者,其惟《春秋》乎?罪我者,其惟《春秋》乎?"

孔子用修订史书的方法贬斥他深恶痛绝的君不君、臣不臣的乱世乱臣。但这本是天子的职权,孔子取而代之有僭越之嫌。后人是"知"还是"罪",孔子只能听天由命了。

孔子将他的方法称作"述而不作",即传述古籍而不是创作。经孔子整理的"六经",《礼》和《乐》已失传。其余的《诗》《书》《易》《春秋》,作为儒家的经典,成为中国古代

删述六经

知识分子的必读书,深刻而长久地影响着一代代的中国人。

有个守城门的人,称孔子为"知其不可而为之"的人。

孔子说:"大道之行也,天下为公。选贤举能,讲信修睦。故人不独亲其亲,不独子其子。使老有所终,壮有所用,幼有所长,鳏寡孤独废疾者皆有所养。男有分,女有归。货恶其弃于地也,不必藏于己。力恶其不出于身也,不必为己。是故谋闭而不兴,盗窃乱贼而不作,故外户而不闭,是谓大同。"

高山仰止

孔子垂垂老矣。

孔子说："七十而从心所欲，不逾矩。"

虽说任何念头都不会超出规矩，思想已升华到自由的境界，可是孔子的身体却越来越力不从心。老朋友死了，孔子代为安葬，回来便觉得很累。

孔子七十岁这年，他的独子孔鲤先父亲死去，年仅五十岁，留下孔伋这个幼子。（孔伋字子思，受教于孔子的弟子曾子，写出后代儒生必读的《中庸》。）孔子将儿子简单地葬了。

弟子们已分散，孔子常会觉得孤独。他说："跟从我在陈蔡两地受苦受难的，现在都不在我门下了。"

令孔子非常伤心的是，第二年颜回也死了，年仅四十一岁。孔子得知，放声大哭，连连叫道：

"老天要我的命啊！老天要我的命啊！"

颜回是孔子最喜爱的弟子。他敏而好学，闻一知十，从来不迁怒于人，不重复已犯过的错误，深得孔子的器重。孔子认为他有宰相之才。也许因为家贫，生活清苦，颜回身体一直较弱，不到三十岁头发全白了。孔子曾说：

"多好的颜回啊！一点儿饭，一瓢凉水，身居陋巷，别人早就愁死了，而颜回依然快乐。多好的颜回啊！"

颜回的父亲颜路，是孔子最早的弟子。他来和老师商量，是否能卖掉孔子的车，去为颜回换一副套在棺材外的椁。

孔子没同意。

按照礼的规定，颜回的身份是不能用椁的。孔子对颜路说：

"无论有才能还是没有才能，都是自己的儿子啊。我的儿子孔鲤也死了，我葬他，有内棺而无外椁。我不能卖掉车，为颜回添上外椁。我曾做过大夫，按礼，是不可步行上街的呀。"

孔子说罢，泪如雨下。

弟子劝孔子说："老师，您哭得太悲哀！"

孔子说："我真是太悲哀了吗？我不为这样的人悲哀，又为谁悲哀呢？"

孔子的弟子们背着老师，厚葬了颜回。孔子知道后很伤心，说：

"颜回将我当父亲看待，我却不能待他如儿子。他葬得合不合礼法，不是我能做主，是我的弟子要那样做的呀。"

下一年，从卫国传来消息，担任蒲邑宰的子路为了救护主人孔悝，在争夺君位的混乱中被杀。临死，他还记着"君子死，冠不免"，将被砍断的帽缨系好，不惜被斩为肉泥。

孔子听说后，老泪纵横。他吩咐将家中的肉酱盖上，不忍再看。

在接二连三的打击下，年迈的孔子身心已不能支持。他悲哀地说：

"我衰弱得多厉害啊！很久很久了，我不再梦见周公。"

公元前481年春天，叔孙氏手下有个叫鉏（chú）商的车夫，在鲁国西郊大野的一次狩猎中，猎获了一头异兽。因人人不知是何物，就请孔子来辨识。孔子一见，大吃一惊，顿时泪流满面。

孔子说："这就是麒麟呀！在唐虞那种太平盛世麒麟和凤凰才会出现。如今天下无道，怎么会有麒麟呢？"

西狩获麟

麒麟是能体现孔子"仁"的思想的祥瑞之兽。它生有独角，角为肉柱，有角而不用以伤人。它有马的足蹄，蹄声洪亮，行走有规有矩，从不践踏活物。它不群居不结伴而行，不入陷阱，不罹罗网，圣王当道才显现于世。

麒麟的出现和死去，在孔子看来并非吉兆，此事就应在自己身上。他叹息道："吾道穷矣！"于是扔下手里的笔，不再编写《春秋》。

在生命的最后的时日，孔子贫病交加。

一天早上，孔子心中很不自在。他挣扎着起床，拄着手杖站在门口。

弟子子贡赶来看望老师。

孔子说："赐啊，你怎么来得这么迟呢？"

孔子拄杖环顾四周，有气无力地吟道：

"泰山就这样崩塌了吗，

孔子病重 子贡赶来

梁柱就这样摧折了吗，

哲人啊，就这样枯萎了吗？"

子贡将孔子扶回屋去。孔子定一定神，说：

"我昨晚做了个梦，梦见了棺木。夏人的棺木是停放在东阶上，周人的棺木停放在西阶上，殷人的棺木停放在正厅的两根柱子之间。我梦见自己坐在两柱之间。我的先祖是殷人，想必我已到时候了。"

七天之后，鲁哀公十六年（公元前479年）夏历二月十一日，孔子安然去世，临终手不释卷，享年七十三岁。

国君鲁哀公接到报告，写了一篇悼文，文中尊称孔子为"尼父"。

"上天不怜悯我，不肯留下这位老人。只余一人在位，孤独无助地承受着。唉，悲哀啊，尼父呀，今后我还能向谁请教呢？"

孔子生前未受任用，死后却被赞扬。子贡对此非常不满。而且，"余一人"是周天子的自称，公侯怎么可以僭越呢？

弟子们将孔子安葬在曲阜城北的泗水边。坟墓筑成斧形的马鬣封，坟高不过三市尺。

安葬后，弟子们在墓前搭起草庐，不穿孝服，服心丧三年，犹如死了父亲。他们从自己的家乡带来各种名贵的树苗，种植在墓旁。守丧期间，他们回忆老师生前的言行，经认真辨正一一记录，辑成世世相传的儒家经典《论语》。

三年之后，弟子们拜别孔墓，依依不舍地散去。子贡想起老师说的"赐啊，你怎么来得这么迟"，又守了三年墓。

庐墓守陵

鲁国的大夫叔孙武叔对孔子出言不逊。子贡说:

"你不能这样做!仲尼是不可诽谤的。用宫墙来比喻,我的墙只有肩膀高,老师的墙高好几丈。如找不到进去的门,就看不见门里的美妙和富丽。别的贤人啊,好比丘陵,可以翻越。仲尼犹如太阳月亮啊,没什么可越过他的。有人要想和日月隔绝,那对太阳月亮有什么损伤呢?只能说他不自量罢了。"

鲁国将孔子故居改为祭祀孔子的庙堂,陈列着孔子生前用过的衣冠、琴、车、书等实物,供人瞻仰。

三百年以后,西汉司马迁在《史记·孔子世家》中写道:

"诗有之:'高山仰止,景行行止。'虽不能至,然心向往之。我读孔氏书,想见其为人。天下君王以及贤人太多了,当时荣耀,死后就算了。孔子一介布衣而流传十余世,学者以他为宗师。自天子王侯,中国讲六艺的,都折服于夫子,可谓至圣矣。"

哀公立庙
鲁哀公十六年孔子卒哀公
立庙置守庙人一百户

鲁国设立祭祀孔子的庙堂

宣中诏弟堂名肃谒真
王加以子命献揖而宗
谥亲遂近分再上祀
孔奠幸臣奠拜特鲁
子祭孔分七诏鞸宋
为器林奠十袍真
至俱奠拜二绸宗
圣留拜又乾初
次庙

宋真宗祭祀孔子

089

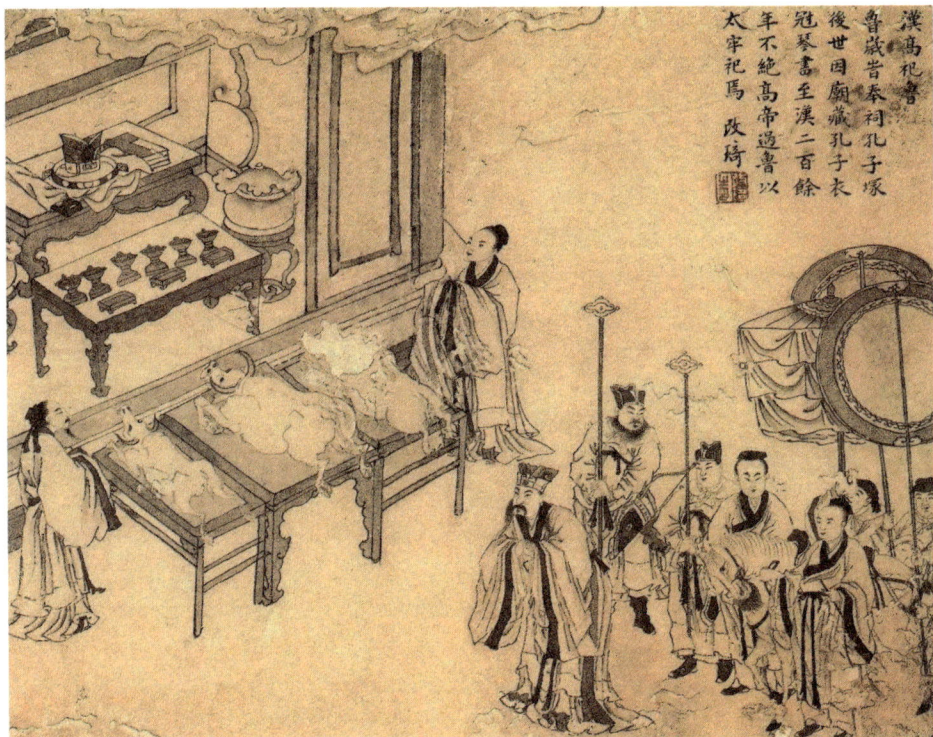

汉高祖祭祀孔子

　　自汉以后，孔子的学说成为两千余年封建文化的正统，影响极大。封建统治者一直把孔子奉为圣人。但到近代社会，一些思想家、政治家感到孔子的儒学成为阻碍中国社会进步和束缚中国人心灵的"礼教"，因而批判性的言论渐渐出现。到20世纪初，五四运动中，一批知识分子带头发出了"打倒孔家店"的呼喊。这以后的几十年中，孔子和儒学时而重受尊崇，时而痛遭批判，即使采取既不全盘肯定也不全盘否定的态度，人们作出的分析评价往往也大不相同，争论相当激烈。

但，无论人们怎样热烈地争论，有一点却是众口一词绝无歧议的——孔子是中国文化发展史上影响最大的人物中的头号巨人。

孔丘大事年表

（公元前551—公元前479）

公元前551年　生于鲁国陬邑昌平乡（今山东省曲阜东南），字仲尼。父亲叔梁纥，曾做过鲁国陬邑的大夫。母亲名叫颜征在。

公元前549年　3岁　父亲去世，母亲带着他离开老家搬到曲阜去住，家境贫寒。

公元前546年　6岁　自幼懂得礼貌。"为儿嬉戏，常陈俎豆，设礼容"。

公元前538年　14岁　为了维持生活，少年时期从事过多种劳动，学会不少手艺。

公元前537年　15岁　孔丘说："吾十有五而志于学"（《论语·为政》）。

公元前535年　17岁　母亲去世，孔丘将父母合葬在城东二十多里的防山之麓。不久，季氏宴客，孔丘赴宴，被拒之门外。

公元前533年　19岁　娶宋国人亓官氏为妻。

公元前532年　20岁　生儿子，取名鲤，字伯鱼。在此前后，孔丘任委吏，管理会计账目。后又任乘田，管牛羊。

公元前 525 年　27 岁　郯子朝鲁，孔丘向他学习礼仪。

公元前 523 年　29 岁　向师襄子学琴。

公元前 522 年　30 岁　自称"三十而立"（《论语·为政》）。约从此时起，创办私人教育，收徒讲学，开我国私人教学之先河。弟子中有颜路、曾点、仲由等。这年郑国子产去世，孔丘听说后，流着泪称他为"古之遗爱也"。

公元前 518 年　34 岁　收贵族弟子孟懿子、南宫敬叔，并去洛邑观看周朝文物制度。

公元前 517 年　35 岁　鲁昭公被赶出鲁国，孔丘随之赴齐，到齐国后，通过高昭子，见到了齐景公。

公元前 516 年　36 岁　在齐国，与齐太师语乐，听到《韶乐》，兴奋得"三月不知肉味"。齐景公向孔丘问政，孔丘说"君君、臣臣、父父、子子"。齐景公打算以尼谿田封孔，后因晏婴阻挠而未成。

公元前 515 年　37 岁　齐大夫扬言欲害孔丘，齐景公亦对他说："吾老矣，不能用也。"于是孔丘离齐返鲁。

公元前 513 年　39 岁　晋铸刑鼎，把刑书铸在铁鼎上，孔丘认为这样做会"贵贱无序"，破坏等级制度，于是发出"晋其亡乎！失其度矣"的感叹。

公元前 512 年　40 岁　自称"四十而不惑"。

公元前 506 年　46 岁　观鲁桓公庙宥坐之攲器，论道。

公元前 505 年　47 岁　鲁国季孙意如去世，其家臣阳虎专鲁政。阳虎赠孔丘小猪并劝其出来做官，孔丘口头答应，但终未出任。著《诗》《书》《礼》《乐》，以教弟子。

公元前 502 年　50 岁　自谓"五十而知天命"。

公元前 501 年　51 岁　被鲁定公任命为鲁国中都宰，有政绩。

公元前 500 年　52 岁　升任鲁国司空，掌管工程。

公元前 499 年　53 岁　升任鲁国大司寇，掌管刑狱。鲁定公与齐景公会于夹谷，孔丘随行。

公元前 498 年　54 岁　为削弱大夫势力主张"堕三都"（孟孙、叔孙、季孙），后因受到抵制而半途而废。

公元前 497 年　55 岁　对鲁定公贪女色而怠政事感到失望，离开鲁国到卫国，后又至陈，在匡、蒲被人误会而被围，又至卫国。从此开始了历时 14 年的周游列国。

公元前 493 年　59 岁　因不被卫灵公重用，离开卫国，投奔晋国赵简子，半路上听说赵简子杀了两个贤人又返回卫国。后又至宋国，在途中，宋国司马桓魋欲害他，于是化装逃到了郑国，郑国没有接待，又到陈国。

公元前 492 年　60 岁　秋天，鲁国季桓子病危，临死前，后悔过去未能重用孔丘，嘱其子季康子将他召回，后由于下臣阻拦未成，只召回子孔丘的弟子冉有。

公元前 489 年　63 岁　到负函，与叶公见面。楚昭王欲重用孔丘，准备将书社之地七百里封给他，因受阻拦未成。

公元前 488 年　64 岁　应在卫国任官职的弟子的要求，孔丘返卫，并针对当时卫国国君父子争权的情况，提出正名理论。

公元前 485 年　67 岁　夫人亓官氏去世。

公元前 484 年　68 岁　弟子冉有向季康子推荐孔丘，季康子派人迎其归鲁。回鲁国后，孔丘专心从事文献整理和教育事业，删《诗》《书》，定《礼》《乐》，编《春秋》。一生教弟子约三千人，其中身通六艺者七十余人。

公元前 483 年　69 岁　儿子孔鲤死。

公元前 482 年　70 岁　自谓"七十而从心所欲，不逾矩"。

公元前 479 年　73 岁　二月十一日，孔丘去世，葬于鲁城（今曲阜）北泗水边。

孔子

颜回，字子渊　　　　　闵损，字子骞　　　　　冉耕，字伯牛

冉雍，字仲弓　　　　　冉求，字子有　　　　　仲由，字子路

宰予，字子我　　端木赐，字子贡　　言偃，字子游　　卜商，字子夏